Per Anna ♡

Martina

bottega finzioni

Il testo di questo albo è stato scritto all'interno dei corsi di Bottega Finzioni, la scuola di scrittura fondata a Bologna da Carlo Lucarelli.

INTERVISTA alla FELICITÀ

è un libro della collana *Minimondo*

Testo di Azzurra D'Agostino

Illustrazioni di Barbara Vagnozzi

Seconda edizione, prima ristampa: settembre 2021

un marchio di
edizioni del borgo srl
Via Caduti di Reggio Emilia, 15
40033 - Casalecchio di Reno (Bo)

Stampato presso:
D'Auria Printing S.p.A.
Ascoli Piceno

FSC www.fsc.org MISTO Carta da fonti gestite in maniera responsabile FSC® C014075

www.fatatrac.it

Azzurra D'Agostino - Barbara Vagnozzi

INTERVISTA *alla* FELICITÀ

FATATRAC
minimondo

Questa è Gemma.

E questo è Gino.

Gemma dice a Gino
che lei vorrebbe essere sempre felice,
ma c'è in questa frase
qualcosa che la frase non dice.

Perché Gino davvero proprio non sa
che cosa mai sia questa “felicità”.

Gemma allora chiama la felicità
per un'intervista dal vero
per capire cosa sia quello strano mistero:
una cosa che a volte si sente,
ma di cui non si sa quasi niente.

«Ciao felicità, come stai?
Potresti dirci per favore chi sei?
Il latte bevuto insieme la sera?
Il cielo stellato a primavera?»

«La neve che cade
sul tetto e sul prato?
Il gioco che arriva
tanto desiderato?»

Dice la felicità:

**«TUTTO QUESTO È BELLO,
MA IO NON SONO SOLO QUELLO».**

«Sei forse il silenzio del primo mattino?
O magari l'arrivo di un fratellino?
Sei un gatto, un patto, una sfida, una preghiera,
un sogno, un fuoco, un'ombra di luna leggera?
Un volo, un vagabondo, un altissimo salto?
Sei forse un giro del mondo?
O quando rido forte e mi ribalto?»

Dice la felicità:

**«TUTTO QUESTO GIÀ BASTA,
MA IO SONO ANCORA PIÙ VASTA».**

«Allora sei una finestra, una giostra,
una serratura aperta, una fiera, una scolara,
un'avventura che diverta?
Un arcobaleno, un deltaplano, un gioco di delfino,
la mano che si dà a un altro bambino?
Uno strapiombo - o forse la ballerina
per il soldatino di piombo?»

«Non avere più paura
del buio la notte?
O sei chi aggiusta
le cose rotte?»

Dice la felicità:

**«SONO TUTTO INSIEME,
PAROLA PER PAROLA,
PERCHÉ IO NON SONO
UNA COSA SOLA».**

«Cara felicità, vorrei dirti un fatto vero.
Sai, certe volte vedo tutto nero
e anche se amo queste cose a una a una,
a volte mi sembra non me ne basti nessuna.
Sento un buco al centro del petto.
Mi sento triste, ecco insomma, l'ho detto!»

«E anche io, che vorrei sempre essere pieno di felicità, ogni tanto mi succede che qualcosa non va.»

«Ma allora che cosa sei, dove sei,
quand'è che vieni, felicità?»

A questa domanda nessuno risponde niente.
Forse la felicità certe domande non le sente.

I due bambini si guardano intorno.
La felicità? Sparita, come la notte quando c'è giorno.
Alzano le spalle e tornano allegri a giocare.
Non si accorgono che la felicità è lì che li sta a guardare.